RÉPONSE

A

HENRI D'ORLÉANS

(DEUXIÈME LETTRE SUR L'HISTOIRE DE FRANCE.)

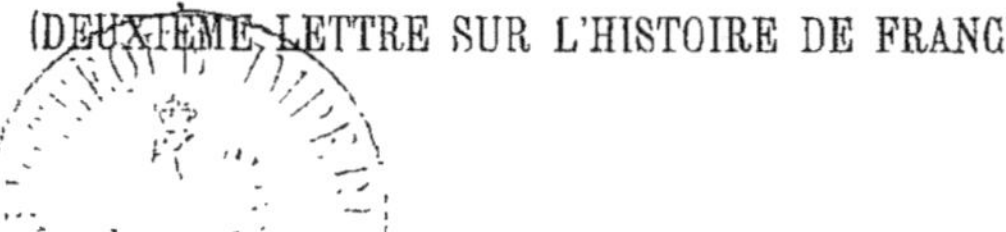

PRIX : 1 FRANC

PARIS

CHEZ TOUS LES LIBRAIRES

1861

A S. A. R. HENRI D'ORLÉANS, DUC D'AUMALE

MONSEIGNEUR,

Je suis un vieux gentilhomme campagnard. Comme je n'aime pas assez mon pays pour le servir sous tous les gouvernements qui s'y succèdent, je fais tout bonnement valoir mes terres et j'attends, avec une conscience tranquille, que l'heure soit venue de chanter le cantique de Siméon.

Il est difficile pourtant de s'isoler complétement de la chose publique et, bon gré mal gré, je finis par savoir ce qui se passe.

Ainsi, le dimanche, je vais à la messe. Eh bien ! un de ces dimanches, en sortant de l'église, j'ai vu affiché à la porte de la mairie, qui fait face à celle du saint lieu, le discours prononcé par le prince Napoléon au Sénat.

Je l'ai lu, et j'ai été forcé de convenir que la France comptait un orateur de plus.

Hier, un de mes voisins, un ancien maréchal de camp sous la République, un brave homme dans son genre, m'apporta votre lettre, Monseigneur.

Et j'ai confessé de bonne grâce qu'elle était l'œuvre d'un véritable écrivain.

Puis, je me suis frotté les mains.

Parfois, deux écoliers ont une querelle ; ils se battent. Un troisième écolier les regarde en riant ; il s'approche. On croit qu'il va les séparer ; point du tout : c'est pour les exciter à combattre par de petits sifflements.

Je suis comme cet écolier.

Je viens de lire votre lettre, Monseigneur ; je prends la plume et je vais essayer, sinon de vous répondre, au moins de vous faire part des réflexions que m'a suggérées ma lecture.

Votre lettre, si je ne me trompe, peut se diviser en trois parties distinctes. Elle contient :

1° L'expression de votre mauvaise humeur vis-à-vis du prince Napoléon ;

2° Une apologie des actes et de la politique de la maison d'Orléans ;

3° Une critique de la politique et des actes du gouvernement de l'Empereur.

C'est-à-dire que, semblable aux héros d'Homère, après

avoir accablé l'ennemi de quolibets, vous vous défendez contre son attaque, puis vous l'attaquez à votre tour.

Est-ce que votre colère contre le prince Napoléon est bien fondée, Monseigneur ?

Voyons !

Quand, vingt discours durant, le prince Napoléon vous aurait répété : — La branche cadette de la maison de Bourbon a toujours conspiré contre la branche aînée ; elle a toujours donné l'exemple de la rébellion. D'Orléans est un nom fatal ; d'Orléans est un de ces noms qui portent malheur. Sans citer d'exemples récents, sans vouloir même parler de ce Gaston qui fut de tous les complots contre Louis XIII, son frère, Louis XII, le bon roi, Louis XII, le père du peuple, n'a-t-il pas dit en montant sur le trône : « Le roi ne venge pas les injures du duc d'Orléans ; » ce qui était un aveu.

Quand, le long de vingt brochures, vous lui auriez répondu : — Nous n'avons pas le monopole des querelles de famille et, quoique plus jeunes, les Napoléon sous ce rapport n'ont rien à nous envier. Louis, Lucien, Murat, ont tous, à des titres divers, été en lutte avec l'Empereur. Depuis, on a vu des Bonaparte princes du Pape et d'autres mêlés aux insurgés des Romagnes. Attendez, pour parler de votre fidélité, les revers qui en sont la pierre de touche !

Qu'est-ce que cela prouverait ? et qu'auriez-vous fait, sinon amusé la galerie à vos dépens ?

Qu'importe à la France, qu'importe à l'Europe la biographie du prince Napoléon?

Vous nous apprenez qu'il est rentré en France en 1847 : qu'en 1848, à l'Assemblée constituante, il siégeait sur la montagne; que, lors du coup d'État du 2 décembre, il se réservait ; qu'il s'est trouvé depuis, par le seul fait de sa parenté avec l'Empereur, sénateur, grand cordon, général de division, etc., et qu'il est maintenant ami de la révolution et gendre d'un roi.

Eh bien ! sous la *meilleure des Républiques,* on ne procédait pas autrement. Vous vous êtes bien battu en Afrique, Monseigneur ; mais, s'il n'y avait pas eu d'Afrique, vous auriez été de même général, et l'on vous aurait de même donné la croix.

— Le prince Napoléon, vous diront les uns, joue, sous le second Empire, le rôle du duc d'Orléans sous la monarchie de Juillet ; il fait ce que la tradition impose aux fils et aux cousins de rois. Il colore d'une teinte libérale son dévouement au Pouvoir, auquel il sert de truchement dans ses relations avec l'Opposition. Il vit au milieu d'une petite cour de lettrés, d'artistes, de libres penseurs, parce que cela fait bien.

— Le Prince, vous diront les autres, est un démocrate, un socialiste. S'il a reconnu l'Empire, c'est uniquement parce que l'Empire, issu du suffrage universel, est légitime à ses yeux. L'intérêt personnel n'y est pour rien. Son dévouement à l'Italie prouve encore l'ardeur de son zèle révolutionnaire. S'il a épousé la fille de Victor-Emmanuel, c'est que Victor-Emmanuel est moins un roi qu'un chef de peuple. Étant données l'éloquence du gendre et les vertus romaines du beau-père, ce mariage est quelque chose comme celui de Cicéron avec la fille de Térentius.

Ainsi disent-ils.

Moi, je garde mon opinion.

Après tout, ce petit débat de personnes porte avec lui un enseignement et un renseignement.

Voici l'enseignement :

Lorsque Charles X n'était encore que comte d'Artois, il eut une querelle avec un gentilhomme. Il ne prononça pas de discours, n'écrivit pas de brochures, mais il croisa son épée avec celle du duc de Bourbon.

Voici le renseignement :

C'est que Napoléon III, d'après vous, a les mêmes huissiers que Louis-Philippe. Les Tuileries sont bien plus à ces huissiers qu'aux rois, puisqu'ils y restent plus longtemps.

Combien de règnes dure un huissier ?

Vous, vous plaignez de votre exil, Monseigneur, et c'est là la transition naturelle de l'expression de votre mécontentement d'autrui à celle de votre contentement de vous-même.

Vous n'êtes pas le premier, Monseigneur, qui paye pour les fautes de ses pères. Le roi de Rome était innocent comme vous, et le duc de Bordeaux était plus jeune que vous, quand tous deux ont passé la frontière de France.

L'exil est une loi fatale à laquelle sont soumis les souverains ; loi nécessaire, après tout, au bonheur des peuples. Si celui qui a régné pouvait vivre sous le même ciel que celui qui règne et le coudoyer dans les rues de la même ville, ceux qui n'ont pas régné, qui ne règnent pas et qui ne régneront probablement jamais seraient en proie à une angoisse mortelle, craignant sans cesse qu'ils ne fissent tous deux comme Charles X et le duc de Bourbon. Cette confusion de souverains passés, présents et futurs n'existait pas avant 1789. Mais le progrès est venu !

Maintenant, vous, vous chantez.

Les hommes de Juillet, dites-vous, voulaient assurer aux nations la stabilité, l'unité, la tradition, et leur ménager en même temps le moyen de diriger leur gouvernement et de ne pas laisser leurs affaires livrées aux caprices d'un seul homme.

C'est fort bien, et les hommes de Juillet voulaient là ce qu'avaient voulu avant eux les hommes de la Restauration, Louis XVIII en tête ; ce qu'avaient voulu Mirabeau et Barnave avant les hommes de la Restauration ; ce que Montesquieu et les Anglais avaient préconisé avant Barnave et Mirabeau. Vous n'avez pas le mérite de l'invention. Quant au mot de tradition, c'est maladroit à vous de vous en servir. Il en est des traditions pour vous comme des liens de famille : la sainte volonté du peuple (*vox populi, vox Dei*) vous en délivre et vous en dégage.

Attendez !

Si la volonté populaire est pour vous la loi suprême, si vous ne représentez rien que cette volonté, le jour où elle vous dit : Partez ! vous devez partir, de même que le jour où elle vous a dit : Venez ! vous êtes accourus. Ne vous vantez donc pas d'être partis par horreur de la guerre civile, par dévouement, par abnégation. Vous n'avez aucun mérite à avoir agi comme vous l'avez fait. Ce jour-là, pour la première fois, vous avez été fidèles ; il est vrai que ce n'était pas à un roi, mais à un principe. Et ce principe n'était pas votre cousin.

Louis-Philippe était généreux? dites-vous encore.

Je n'ai pas la prétention de soutenir qu'il ne l'a pas été vis-à-vis de Louis-Napoléon. Mais vous n'avez pas non plus la prétention de louer sa conduite envers la duchesse de Berri et ses autres parents de la branche aînée.

Vous racontez un épisode des premières années de son règne. Cela a trait au séjour de la reine Hortense et de son fils à Paris. Le roi autorisait ce séjour ; ses ministres l'empêchèrent. Qu'est-ce que cela prouve? Que le roi de Juillet avait des ministres responsables de sa générosité. Aujourd'hui, il n'y a plus de ministres responsables, mais le souverain n'est pas avare de grâces, non plus. Généralement, Monseigneur, les souverains font grâce quand ils ne peuvent pas faire autrement. Il y a quelque chose de plus fort que leur bon plaisir, c'est l'opinion. Un roi peut n'avoir peur ni de Dieu, ni des partis; il craindra toujours l'opinion. Je suis certain, pour ma part, que le spectre de Caton troublait les nuits d'Octave-Auguste, et que Napoléon Ier regretta toute sa vie la mort du duc d'Enghien.

Vous pouvez donc, Monseigneur, débarquer à Boulogne avec quinze cents orléanistes, si vous venez à bout de les trouver. L'Empereur vous mettra à Ham pendant cinq ou six ans, au bout desquels il vous laissera fuir ; mais il ne vous fusillera pas. Et il aura raison, car vous êtes un brave jeune homme qui n'avez qu'un tort, c'est d'être le fils de votre père et de trouver légitime son avénement.

Le gouvernement de Juillet, ajoutez-vous, avait remis la statue de Napoléon sur sa colonne, recueilli ses cendres aux Invalides, couvert de l'image de ses exploits les murs du palais de Versailles.

Ne vous vantez pas trop, Monseigneur.

Si le gouvernement de Juillet invoquait sans cesse le nom de Napoléon, c'est qu'il n'osait invoquer celui de Louis XIV. Il était difficile d'honorer le maître après avoir pris dans sa maison la place de ses enfants.

L'exil vous a rendu la mémoire, et le nom du grand Roi vient sous votre plume à la place du nom du grand Empereur. Dois-je vous en savoir plus de gré que ne vous en ont su jadis les Napoléon, à propos de leur oncle? Non. L'ingratitude appelle l'ingratitude, ainsi que l'aimant attire le fer.

Vous poursuivez.

Le gouvernement de Juillet contribuait à la liberté des peuples par l'action pacifique de son exemple.

Je le veux bien, moi. Cependant il est resté sur la mémoire du maréchal Sébastiani un mot qui prouve que les Polonais ne doivent pas penser comme vous.

Quant à cet appui d'un pontife libéral, cet ambassadeur qui, selon vous, avait l'âme et les traits du Dante, ma mémoire me fait défaut quand il s'agit de me rappeler son nom. Mais je me rappelle que la Restauration aussi avait à Rome un ambassadeur qui, s'il n'avait pas les traits du Dante, avait du moins une étincelle de son génie. Quelques années plus tard, cet ambassadeur s'asseyait, de par vous, en cour d'assises sur le banc des accusés. On le nommait Chateaubriand.

Anvers?

Lorsque nous prenions Anvers, nous agissions d'accord avec toute l'Europe.

Tel est votre aveu. Il est précieux, venant de vous, et vos plus cruels ennemis ne diraient pas mieux.

Et si l'Europe ne vous avait pas permis de prendre Anvers? Où sont vos principes? où est le droit? l'assentiment de l'Europe? La France ne l'a pas demandé quand elle a été lasse des défaillances de votre politique.

Ancône?

Ancône, c'est bien ; mais Saint-Jean-d'Acre, mais l'abandon du pacha d'Égypte, votre allié?

L'Algérie ?

Ce sont les Bourbons qui vous l'ont donnée, car vous avez tout pris de leur héritage, le trône et la popularité d'un succès récent.

Les hauts faits qui sont propres à la monarchie de Juillet, c'est l'affaire de la rue Transnonain, ce sont les massacres de Lyon.

Vous vous vantez d'avoir fortifié Paris et créé une admirable armée?

Comme si l'armée française avait besoin d'un souverain pour être admirable. Elle n'a besoin pour cela que de voir l'ennemi. Que ce soit à Bouvines ou à Rocroy, à Fontenoy, où, pour la seule fois de notre histoire, nous avons battu les Anglais dans une grande bataille, ou bien à Valmy; que le pays soit monarchie, empire ou république; quels que soient le nom de son gouvernement et la couleur de son drapeau, l'armée française est toujours là, vaillante, dévouée, prête à passer la frontière ou à défendre pied à pied le territoire de la patrie.

Vous avez combattu dans les rangs de cette armée, Monseigneur, et c'est glorieux à vous. Mais si les soldats gardent votre nom dans leur mémoire, c'est à cause de cette communauté de périls et de triomphes, et non parce que vous avez créé des régiments, ou inventé des uniformes, ou fait bâtir des murs autour de Paris.

Développant le mot de M. Edmond About, un enfant terrible du journalisme napoléonien :

« La politique impériale est un roseau peint en fer, » vous reprochez au gouvernement actuel des tergiversations et un manque de franchise.

Vos reproches, Monseigneur, adressés au représentant d'un peuple, auraient une apparence de vérité qu'ils n'ont pas adressés au représentant d'une dynastie que vous reconnaissez : « Il n'y a plus de parvenus, dites-vous, ni au Palais-Royal, ni aux Tuileries. Les maisons souveraines ne comptent qu'un seul parvenu, leur fondateur. Mais on n'est pas un parvenu quand on a affiché son droit héréditaire à Strasbourg, à Boulogne, quand on a passé sans transition de l'exil au pouvoir, et quand on s'appelle Napoléon III. »

Vous avez été mal inspiré en écrivant ces lignes, Monseigneur, car elles justifient la politique que vous blâmez, en l'expliquant.

En effet, si Napoléon III est, avant toute autre chose, le représentant d'une dynastie, s'il ne se considère que comme un anneau d'une chaîne glorieuse de souverains, c'est évidemment l'intérêt de cette chaîne qui doit primer dans son esprit tous les autres intérêts. Et il a bien fait de faire ce qu'il a fait, puisque cela était utile à lui-même et aux siens.

Forcé de s'appuyer sur les éléments divers du parti de l'ordre pour remonter sur le trône de ses ancêtres, il a été franchement réactionnaire au début. A ce jeu, il courait chance de perdre sa popularité. Il a fait la guerre, qui lui offrait le double avantage de plaire à la multitude et aux soldats. S'il a dit à Milan : J'irai jusqu'à Venise, c'était pour répondre au vœu de l'opinion; s'il s'est arrêté à Villafranca, c'est qu'il a jugé que, pour le quart d'heure, la révolution était plus dangereuse que l'impopularité. Il a su conjurer l'impopularité par l'amnistie, le traité de commerce et le décret du 24 novembre. Sa conduite passée est claire comme le jour. Sa conduite à venir ne l'est guère moins. Si, dans ce moment, il donne encore gain en paroles aux réclamations des anciens partis, c'est pure politesse, Monseigneur, ne vous y trompez pas.

Pourquoi demander aux souverains une abnégation qui n'est pas dans la nature de l'humanité? A quoi leur servirait d'être rois, si c'était pour les autres toujours, et jamais pour eux?

Quand une seule famille avait le droit de régner en France, et avec ce droit la certitude d'une dynastie à l'abri des coups du sort, alors les souverains régnaient pour leur peuple. Aujourd'hui, *chacun pour soi* est la devise commune. — Enrichissez-vous! disait M. Guizot. — Régner quand même! disent les monarques.

Vous-même, qui aviez une bonne machine gouvernementale, que faisiez-vous? Vous attiriez sans cesse à vous le pouvoir que tenait la nation. N'osant user de la force pour le saisir, vous usiez de moyens plus petits et plus mesquins; et l'on disait de votre homme d'État favori, comme de Robert Walpole : Cet homme incorruptible est un ministre corrupteur.

Je déplore comme vous la *loi de sûreté générale* et les entraves mises à nos libertés; mais j'ai plus de droits que vous de le faire, car je n'ai jamais eu ni pairs complaisants ni Mont-Saint-Michel à ma disposition.

Il y a un pendant à la captivité de M. de Lamoricière, c'est la violation du cercueil du fils du maréchal Bourmont. Un soldat, dont les exploits venaient d'effacer les fautes, voit son fils tomber frappé d'une balle à son côté. Il envoie en France le cercueil qui contient ses restes, et ce cercueil est violé par les agents du gouvernement. Pourquoi? pour voir si le maréchal n'aurait pas mis, à côté du cadavre de son fils, des trésors pillés à la Casbah. Ceci se passait le lendemain de juillet 1830. C'était un beau début.

Si je ne vous ai pas parlé de l'Italie, c'est que l'Italie aime à changer de maîtres. C'est sa vocation. Avant-hier, c'était l'Autriche ; hier, c'était la France. Je croirai à l'Italie le jour où, comme l'Espagne, ce petit peuple moins nombreux mais plus fier que le peuple italien, elle aura seule tenu tête et résisté à quiconque voudrait l'envahir.

Je termine, Monseigneur.

En 1815, un jour, Louis XVIII avait invité à dîner les souverains alliés. Au moment où l'on quittait le salon pour se rendre à la salle à manger, il passa le premier. Quelqu'un qui était là comprit l'ironie de cette démarche, et comme le roi de France souffrait de n'être qu'un invité chez lui !

Vous connaissez aussi son mot à Blücher, qui voulait faire sauter le pont d'Iéna comme un souvenir odieux : — Attendez deux heures, général, que j'aie le temps d'aller me placer au milieu du pont.

C'est que cette Restauration qu'on leur reproche, les Bourbons ne l'auraient pas voulue accomplie par de tels moyens ;

c'est que ces traités de 1815, expiation des fautes de l'Empire, ils les ont subis comme tous les Français, le désespoir dans le cœur.

C'est qu'eux, mieux que vous, auraient déchiré ces traités, les expéditions de Grèce et d'Alger sont là pour l'attester ; et qu'en faisant la France plus grande et plus respectée que vous ne l'avez faite, ils l'auraient laissée libre.

Fils de Louis XIV, ils se souvenaient de lui lorsqu'ils étaient sur le trône, eux ; ils se rappelaient ses conquêtes, et ils auraient peut-être recommencé un jour celles de la République, perdues par le premier Empire.

Veuillez croire, Monseigneur, que ma haine loyale pour le gouvernement issu de la révolution de Juillet n'enlève rien à ma haute considération pour vous. Je me souviens, comme tout le monde, de vos campagnes d'Afrique, de l'enlèvement de la Smala, de cette bravoure que vous poussiez jusqu'à l'oubli des lois de la guerre, mais que le succès justifiait. Je sais de quelle loyauté vous avez fait preuve dans vos rapports avec le chef de la famille de Bourbon, et que, si votre dynastie nous compte tous pour adversaires, vous pouvez nous compter tous pour vos amis.

C^{TE} ERNEST DU VORNOUX.

Imprimé par Charles Noblet, rue Soufflot, 18.